1001
COSAS QUE BUSCAR EN
PUEBLOS Y CIUDADES

Anna Milbourne
Ilustraciones: Teri Gower

Diseño: Susannah Owen

Redacción: Gillian Doherty

Directora de la colección: Felicity Brooks   Diseño de la colección: Mary Cartwright

Traducción: Helena Aixendri Boneu
Redacción en español: Pilar Dunster y Anna Sánchez

Índice

Encuentra y cuenta

En este libro aparecen diversos pueblos y ciudades del mundo. En cada página hay muchas cosas para descubrir y contar.

En total podrás encontrar 1001 cosas. En el siguiente ejemplo verás lo que debes hacer para hallarlas todas.

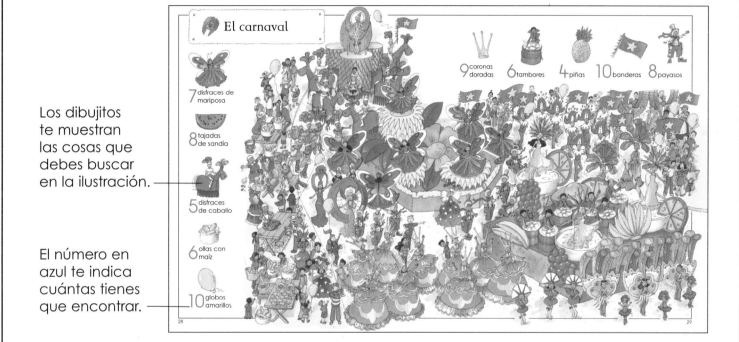

El carnaval

7 disfraces de mariposa

8 tajadas de sandía

5 disfraces de caballo

6 ollas con maíz

10 globos amarillos

9 coronas doradas   6 tambores   4 piñas   10 banderas   8 payasos

Los dibujitos te muestran las cosas que debes buscar en la ilustración.

El número en azul te indica cuántas tienes que encontrar.

Esta chica es Sam y ha visitado todos los lugares que aparecen en el libro. ¡A ver si la encuentras en cada escena!

Sam hizo fotos durante su viaje y se trajo alguna cosa de recuerdo de cada lugar. Las verás en las páginas 30 y 31, donde hay además dos juegos.

El café

3 periódicos

6 bandejas

8 trozos de pastel

7 camareros

10 refrescos

9 palomas

6 sombrillas

5 helados

10 menús

1 chica con acordeón

El mercado

4 burritos

10 alfombras rojas

8 sacos de especias

10 cuencos azules

7 faroles

9 cajas de naranjas

2 serpientes

3 carros

7 teteras

6 espejos

La ciudad de noche

9 gorras azules

3 puestos de salchichas

10 cajas de palomitas

4 taxis amarillos

6 farolas

1 taquillera

8 refrescos con pajitas

1 chica que corre

3 rótulos luminosos

10 paraguas

A orillas del río

8 cestos de plátanos

7 tendederos

2 tiestos de flores rojas

5 cestas de ropa

4 monjes

1 ferry

10 sombreros de paja

7 niños que chapotean

6 canastos de arroz

9 bandejas con pimientos

La plaza de la villa

1 fuente

7 arcos rosa

10 carteras escolares

9 palomas volando

4 artistas callejeros

10 motos **1** reloj **10** helados **4** banderas **7** montones de libros

La ciudad amurallada

3 camellos

10 turbantes naranja

3 elefantes

8 cuencos de samosas

10 mujeres con saris rosados

10 sacos   **8** vacas   **9** guirnaldas de flores   **1** puerta con arco   **10** libros azules

El parque

2 cometas

3 columpios

9 patitos

8 futbolistas

2 barquitos rojos

10 tulipanes rojos

8 perros

5 bancos

8 ardillas

16

6 niños
patinando

Un atasco

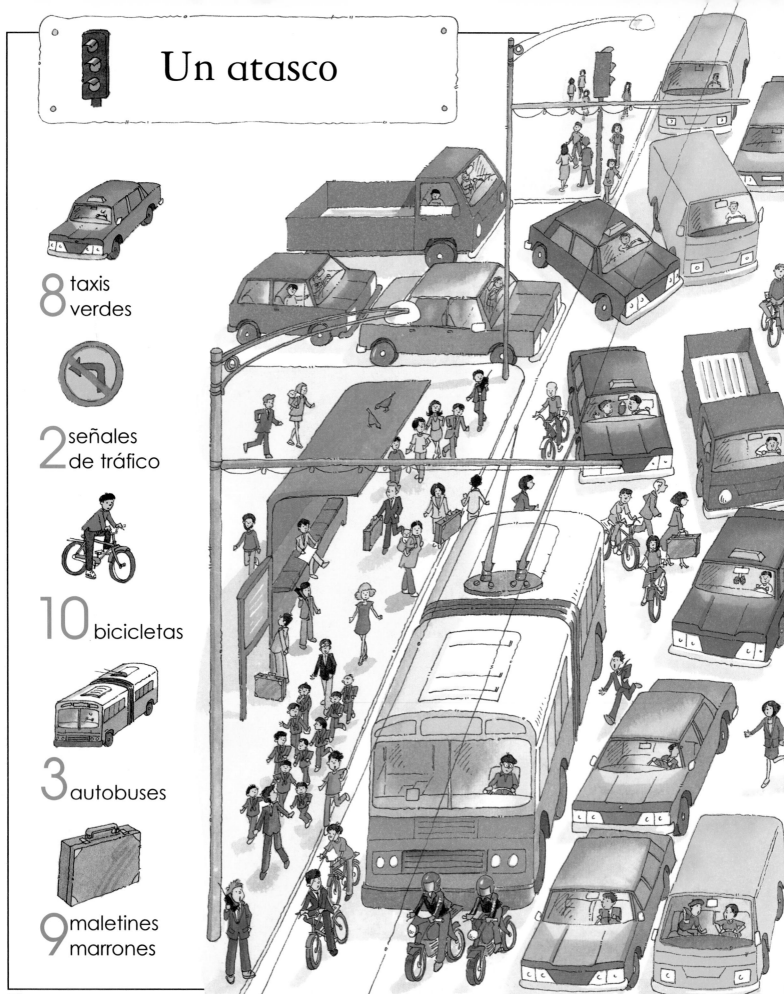

8 taxis verdes

2 señales de tráfico

10 bicicletas

3 autobuses

9 maletines marrones

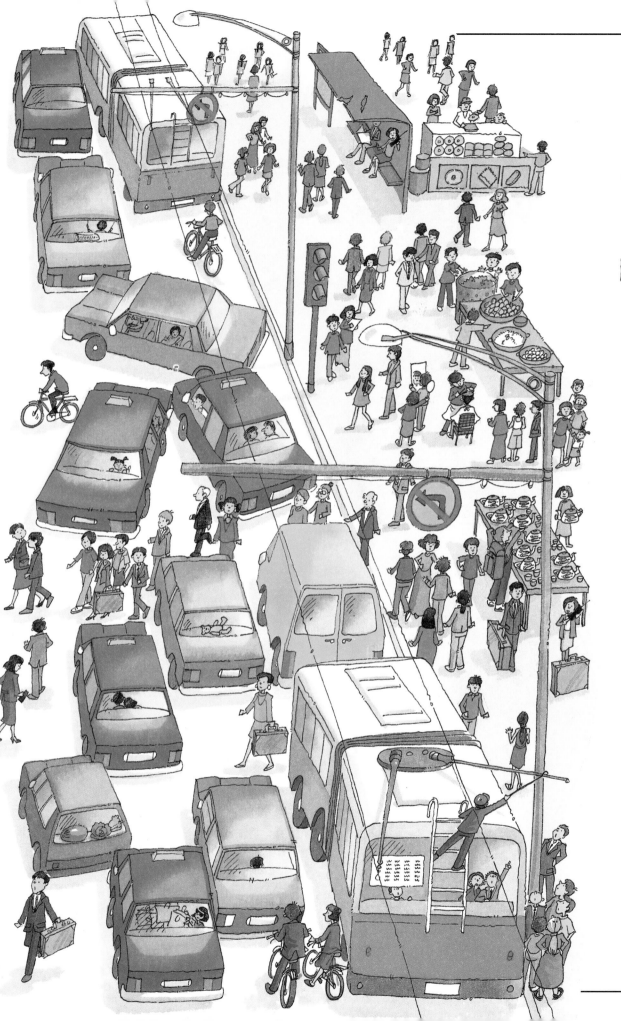

10 colegiales

2 camiones

8 coches
azules

1 barbero
ambulante

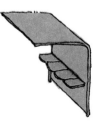

2 paradas de
autobús

19

El puerto pesquero

8 gatos

5 cubos vacíos

10 gaviotas

7 cangrejeras

3 redes

9 cangrejos

10 cubos de pescado

6 pescadores

2 expositores con postales

4 barcas

La aldea

9 cubos de agua

10 futbolistas

8 bebés con sus mamás

9 mujeres moliendo

4 niños con aros

9 fuentes con mangos

1 pozo

10 cabras

7 chozas

9 pañuelos a rayas

De tiendas

9 monopatines

7 cajas de zapatos

8 camisetas a rayas

10 pelotas de playa

6 trajes de baño

9 canguros de peluche

6 tarros de golosinas

8 vestidos de flores

10 bolsas rojas

8 cucaburras

El pueblo nevado

10 anoraks azules

1 avioneta

10 perros

9 cabañas

5 motonieves

6 cuervos

4 trineos verdes

10 cajas

9 gorros a rayas

2 alces

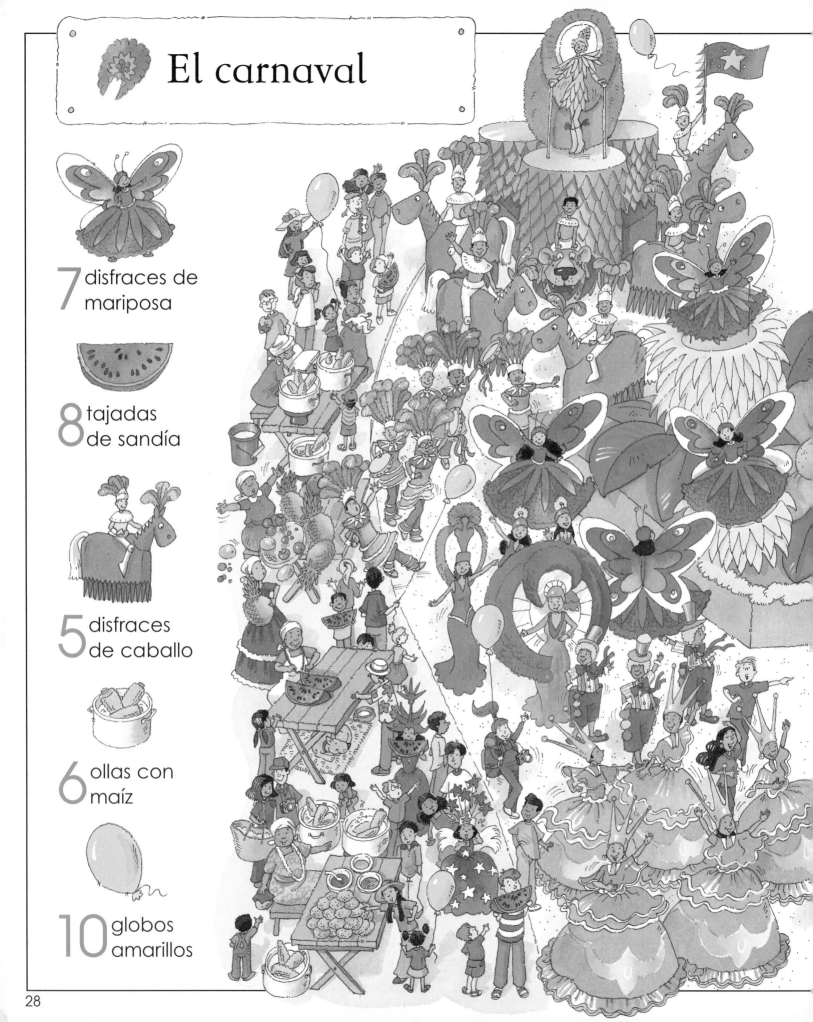

El carnaval

7 disfraces de mariposa

8 tajadas de sandía

5 disfraces de caballo

6 ollas con maíz

10 globos amarillos

9 coronas doradas

6 tambores

4 piñas

10 banderas

8 payasos

Fotos

Sam hizo estas fotos en los lugares que visitó. ¿Puedes averiguar a qué escena corresponde cada foto?

Recuerdos

Sam se trajo estos recuerdos de los sitios que visitó. ¿Eres capaz de decir de qué lugares provienen y contarlos?

10 teteras blancas y azules

10 bolsas a rayas

4 pósters de marcianos

10 caracolas amarillas

9 elefantes de madera

8 plumas naranjas

10 sombreros de piel marrón

7 estrellas de mar

4 cajas de bombones

9 alfombras amarillas

5 cajas de pasteles

10 globos con caras

El Mareal

3 koras

9 servilletas

El café

2 barquitos de papel

9 marionetas

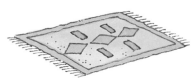

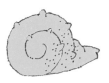

Soluciones

¿Has podido encontrar todas las fotos y los recuerdos en el libro? Aquí tienes las páginas en que aparecen.

Fotos

1 El carnaval
(página 29)

2 El parque
(página 17)

3 A orillas del río
(página 10)

4 El café
(página 5)

5 El mercado
(página 7)

6 La ciudad amurallada
(página 14)

7 La ciudad de noche
(página 9)

8 El puerto pesquero
(página 21)

9 La plaza de la villa
(página 13)

10 Un atasco
(página 19)

11 El pueblo nevado
(página 26)

12 De tiendas
(página 24)

13 La aldea
(página 22)

Recuerdos

10 teteras blancas y azules:
Un atasco
(páginas 18 y 19)

10 bolsas a rayas:
De tiendas
(páginas 24 y 25)

4 pósters de marcianos:
La ciudad de noche
(páginas 8 y 9)

10 caracolas amarillas:
El puerto pesquero
(páginas 20 y 21)

9 elefantes de madera:
A orillas del río
(páginas 10 y 11)

8 plumas naranjas:
El carnaval
(páginas 28 y 29)

10 sombreros de piel marrón:
El pueblo nevado
(páginas 26 y 27)

7 estrellas de mar:
El puerto pesquero
(páginas 20 y 21)

4 cajas de bombones:
El café
(páginas 4 y 5)

9 alfombras amarillas:
El mercado
(páginas 6 y 7)

5 cajas de pasteles:
El café
(páginas 4 y 5)

10 globos con caras:
La plaza de la villa
(páginas 12 y 13)

3 koras:
La aldea
(páginas 22 y 23)

9 servilletas:
El café
(páginas 4 y 5)

2 barquitos de papel:
El parque
(páginas 16 y 17)

9 marionetas
La ciudad amurallada
(páginas 14 y 15)

Agradecimientos

Los editores desean expresar su gratitud a las siguientes personas por los datos facilitados sobre diversos pueblos y ciudades:

Caroline Liou, China
Cheryl Ward, Australia
Daryl Bowers, Barrow, Alaska
Mr. Jensen, Dan Fishing Equipment Ltd., Dinamarca
Frances Linzee Gordon, Marruecos
Helene Kratzsch y Marie Rose von Wesendonk
Ibrahim Keith Holt, The Council of the Obsidian, West Africa Office
Imogen Franks, Lonely Planet Publications
Michael Willis, conservador del Museo Británico
Susannah Selwyn, ES International Language Schools